Sobre los mamíferos

Para Aquél que creó a los mamíferos.
—*Génesis* 1:24

Published by
PEACHTREE PUBLISHERS
1700 Chattahoochee Avenue
Atlanta, Georgia 30318-2112
www.peachtree-online.com

Text © 1997, 1999, 2014 by Cathryn P. Sill
Illustrations © 1997, 1999, 2014 by John C. Sill
Spanish translation © 2014 by Peachtree Publishers

First English edition published in 1997
First bilingual edition published in 2014
First Spanish edition published in trade paperback in 2019

Also available in English-language and bilingual editions
English HC ISBN 978-1-56145-757-1
English PB ISBN 978-1-56145-758-8
Bilingual PB ISBN 978-1-56145-800-4

Spanish translation: Cristina de la Torre
Spanish-language copy editor: Cecilia Molinari

The publisher thanks René Valdés for his guidance with the Spanish animal names.

Illustrations painted in watercolor on archival quality 100% rag watercolor paper
Text and titles set in Novarese from Adobe Systems

Manufactured in August 2018 by RR Donnelley & Sons in China

10 9 8 7 6 5 4 3 2 1 (Spanish paperback)

ISBN: 978-1-68263-072-3

Library of Congress Cataloging-in-Publication Data

Names: Sill, Cathryn P., 1953– author. | Sill, John, illustrator.
Title: Sobre los mamiferos : una guía para niños / Cathryn Sill ;ilustraciones de John Sill.
Other titles: About mammals. Spanish
Description: First edition. | Atlanta : Peachtree Publishers, [2019] | Audience: Age 3-7. | Audience: K to Grade 3.
Identifiers: LCCN 2018010881 | ISBN 9781682630723
Subjects: LCSH: Mammals—Juvenile literature.
Classification: LCC QL706.2 .S54718 2019 | DDC 599—dc23 LC record available at *https://lccn.loc.gov/2018010881*

Sobre los mamíferos

Una guía para niños

Cathryn Sill
Ilustraciones de John Sill
Traducción de Cristina de la Torre

PEACHTREE
ATLANTA

Los mamíferos tienen pelo.

Pueden tener un pelaje denso,

púas afiladas

LÁMINA 3
puercoespín norteamericano

o solamente unos pocos bigotes tiesos.

LÁMINA 4
morsa

Las crías de los mamíferos se alimentan de la leche de su mamá.

Algunos mamíferos nacen indefensos.

Otros echan a andar poco después de nacer.

Los mamíferos pueden correr,

trepar,

John Sill

nadar

John Sill

o volar.

Los mamíferos comen carne,

LÁMINA 12
gato montés

plantas

o las dos cosas.

Habitan sitios fríos y glaciales,

John Sill

desiertos secos y calientes

o húmedos pantanos.

Es importante proteger a los mamíferos
y los lugares donde viven.

Epílogo

LÁMINA 1

Hay más de 5.000 especies de mamíferos en el mundo. En Estados Unidos y Canadá habitan alrededor de 450 de ellas. El pelaje de los mamíferos se adapta para protegerlos de acuerdo con las necesidades de cada especie. El del mapache se hace más denso durante el invierno para mantenerlos secos y abrigados. Los mapaches se encuentran en muchos hábitats distintos en casi toda América del Norte.

LÁMINA 2

El pelaje protege a los mamíferos en diferentes climas. También sirve para evitar heridas en la piel o quemaduras del sol. Muchos mamíferos tienen más de un tipo de pelaje. El pelaje exterior más visible se conoce como "pelo guardián". El que está debajo de este es el llamado "pelo suave". El pelo guardián de los bueyes almizcleros es largo y abundante mientras que la densa capa interior los protege de las temperaturas frígidas. Los bueyes almizcleros habitan las gélidas regiones árticas.

LÁMINA 3

Algunos mamíferos tienen tiesos pelos guardianes en distintas partes del cuerpo. Los puercoespines norteamericanos poseen afiladas púas en el lomo y la cola. Las púas están sujetas muy levemente de modo que se desprenden con facilidad para clavarse en el cuerpo de un enemigo. Los puercoespines norteamericanos habitan zonas del norte y del oeste de América del Norte.

LÁMINA 4

Los bigotes son un tipo especial de pelo que los mamíferos usan para recolectar información de su entorno. Algunos mamíferos marinos tienen solamente unos pocos pelos hirsutos. Las morsas usan sus sensibles y erizados bigotes para buscar alimentos en el fondo del mar. Comen caracoles, almejas, cangrejos y camarones. Las morsas habitan el océano Ártico y algunas zonas norteñas del Pacífico y del Atlántico.

LÁMINA 5

Los mamíferos derivan su nombre de unas glándulas mamarias especiales que elaboran la leche para sus crías. Las crías de los bisontes americanos se alimentan de la leche de su madre alrededor de siete meses. Los bisontes americanos (también llamados búfalos americanos) casi desaparecieron a fines del siglo XIX debido al exceso de caza. Hoy día están protegidos por la ley y su número aumenta lentamente. Los bisontes americanos son los animales terrestres más grandes de América del Norte. Habitan zonas del centro y del oeste de Estados Unidos y Canadá.

LÁMINA 6

Las mamás de los mamíferos suelen cuidar muy bien de sus crías. Las alimentan, las limpian y las protegen hasta que son capaces de sobrevivir por su cuenta. Los ratones ciervos patiblancos nacen ciegos y sin pelo. No abren los ojos hasta las dos semanas y lactan hasta las tres semanas más o menos. A las diez u once semanas ya han alcanzado su tamaño adulto. Los ratones ciervos patiblancos habitan el este de Estados Unidos y algunas zonas de Canadá y México.

LÁMINA 7

Las crías de los animales que pastan deben poder desplazarse con su mamá en busca de alimentos. Y deben ser capaces de correr a gran velocidad desde que nacen para escapar de los predadores. Las crías de los ciervos canadienses (también llamados wapitís) suelen levantarse a los veinte minutos de nacidas. Los ciervos canadienses eran muy comunes en casi toda América del Norte, pero la caza los eliminó del este del continente. Se ha logrado restablecerlos en varios de sus antiguos hábitats.

LÁMINA 8

La mayoría de los mamíferos de tierra caminan o corren en cuatro patas. Los berrendos deben correr a grandes velocidades para escapar del peligro ya que habitan campos abiertos con pocos sitios donde esconderse. Los berrendos son los mamíferos más veloces de América del Norte. Son capaces de correr por varias millas a velocidades hasta de 50 millas por hora (80 km/h). Habitan zonas del oeste y del centro de América del Norte.

LÁMINA 9

Los animales que trepan deben poder agarrarse bien para no caerse. Las ardillas tienen garras afiladas que les sirven para asir las ramas y los troncos, y así circular fácilmente por entre los árboles. Las pequeñas y chillonas ardillas rojas americanas escapan de sus predadores moviéndose con gran rapidez. Habitan los bosques de partes de Estados Unidos y Canadá.

LÁMINA 10

Los mamíferos que viven en el agua todo el tiempo usan las aletas para navegar y las colas para impulsarse nadando. Las ballenas azules son los animales más grandes que jamás han habitado la Tierra. Se encuentran en todos los océanos del mundo.

LÁMINA 11

Aunque hay mamíferos que pueden transitar entre los árboles, los únicos que realmente vuelan son los murciélagos. Los murciélagos morenos alcanzan velocidades hasta de 40 millas por hora (64 km/h) en el aire. Se alimentan de insectos voladores tales como escarabajos, polillas, moscas y avispas. Habitan América del Norte, Central y partes de América del Sur y las islas del Caribe.

LÁMINA 12

Los animales que se alimentan de carne se llaman "carnívoros". Algunos mamíferos, por ejemplo los gatos salvajes, comen solamente carne. Los gatos monteses cazan principalmente conejos, ardillas y ratones, aunque son capaces de matar animales de mayor tamaño que ellos. Los gatos monteses se extienden por casi toda América del Norte.

LÁMINA 13

Los animales que se alimentan de plantas se llaman "herbívoros". Algunos de ellos almacenan alimentos para el invierno. A mediados del verano las picas americanas comienzan a recoger plantas y amontonarlas para que se sequen al sol. A menudo meten las plantas ya secas bajo una piedra o un tronco para protegerlas del mal tiempo. Cuando el suelo está cubierto de nieve, se mueven a través de túneles que han construido en busca de sus "pajares". Las picas americanas habitan las montañas del oeste de América del Norte.

LÁMINA 14

Los animales que se alimentan de carne y de plantas se llaman "omnívoros". Casi todos los osos son omnívoros. Los osos negros comen una gran variedad de cosas, incluyendo raíces, bayas, insectos y pequeños mamíferos. También pueden sobrevivir en diversos hábitats, como bosques, pantanos y tundras. Los osos negros son los osos más comunes de América del Norte. Habitan Canadá, Estados Unidos y el norte de México.

LÁMINA 15

Muchos animales migran de zonas gélidas al llegar el invierno. Los que se quedan tienen gruesas capas de grasa o denso pelaje para protegerse del frío. Los zorros polares son blancos en invierno pero se tornan pardos durante el verano. Este camuflaje, o coloración protectora, les permite pasar inadvertidos tanto de sus predadores como de sus presas. Además tienen pelo en las patas para poder andar sobre el hielo y la nieve. Los zorros polares se extienden por toda la tundra ártica.

LÁMINA 16

Los mamíferos del desierto tienen modos especiales de sobrevivir en ese entorno caliente y seco. Las grandes orejas de las liebres de California les sirven para eliminar el calor del cuerpo. Y su excelente sentido del oído les avisa de la presencia de predadores. Aunque parecidas a los conejos, las liebres son de mayor tamaño que ellos y tienen las patas traseras mucho más grandes. Habitan zonas del centro y del oeste de América del Norte.

LÁMINA 17

Muchos mamíferos encuentran alimento y refugio en los pantanos o en otros tipos de humedales. Las ratas almizcleras construyen madrigueras abovedadas en el agua usando la vegetación de las ciénagas. Su cola, plana de lado a lado, las ayuda a navegar mientras nadan. Las ratas almizcleras viven en casi todas partes de Estados Unidos y Canadá.

LÁMINA 18

Uno de los peligros más graves para los mamíferos y otros animales salvajes es la destrucción de su hábitat. Cuando protegemos el medio ambiente beneficiamos tanto a los mamíferos como a otras comunidades de diferentes animales al proveerles sitios con suficiente espacio donde encontrar refugios, alimentos y agua.

En la ilustración, ¿puedes encontrar el animal que no es un mamífero?

GLOSARIO

abovedada: curvada

especie: grupo de animales o plantas que son semejantes en muchos aspectos

hábitat: sitio donde viven animales y plantas

lactar: cuando una cría se alimenta de la leche materna

madrigueras: refugios

mamífero marino: mamífero que pasa toda o parte de su vida en el mar

predador: animal que se alimenta de otros animales

presa: animal que es cazado y devorado por un predador

BIBLIOGRAFÍA

LIBROS

Eyewitness Books: Mammal de Steve Parker (Dorling Kindersley)

Kaufman Focus Guides: Mammal de Nora Bowers, Rick Bowers, y Kenn Kaufman (Houghton Mifflin Company)

Peterson First Guides: Mammals de Peter Alden (Houghton Mifflin Company)

SITIOS WEB

kids.sandiegozoo.org/animals/mammals

www.enchantedlearning.com/subjects/mammals

www.arkive.org/mammals

ABOUT... SERIES

HC: 978-1-68263-031-0
PB: 978-1-68263-032-7

HC: 978-1-56145-038-1
PB: 978-1-56145-364-1

HC: 978-1-56145-688-8
PB: 978-1-56145-699-4

HC: 978-1-56145-301-6
PB: 978-1-56145-405-1

HC: 978-1-56145-987-2
PB: 978-1-56145-988-9

HC: 978-1-56145-588-1
PB: 978-1-56145-837-0

HC: 978-1-56145-881-3
PB: 978-1-56145-882-0

HC: 978-1-56145-757-1
PB: 978-1-56145-758-8

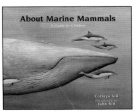

HC: 978-1-56145-906-3

HC: 978-1-56145-358-0
PB: 978-1-56145-407-5

PB: 978-1-56145-406-8

HC: 978-1-56145-795-3

HC: 978-1-56145-743-4
PB: 978-1-56145-741-0

HC: 978-1-56145-536-2
PB: 978-1-56145-811-0

HC: 978-1-56145-907-0
PB: 978-1-56145-908-7

HC: 978-1-56145-454-9
PB: 978-1-56145-914-8

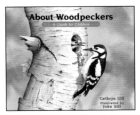

HC: 978-1-68263-004-4

ALSO AVAILABLE IN SPANISH AND BILINGUAL EDITIONS

• About Amphibians / Sobre los anfibios / 978-1-68263-033-4 PB • About Birds / Sobre los pájaros / 978-1-56145-783-0 PB • Sobre los pájaros / 978-1-56145-071-6 PB
• About Fish / Sobre los peces / 978-1-56145-989-6 PB • About Insects / Sobre los insectos / 978-1-56145-883-7 PB • About Mammals / Sobre los mamíferos /
978-1-56145-800-4 PB • Sobre los mamíferos / 978-1-68263-072-3 PB • About Reptiles / Sobre los reptiles / 978-1-56145-909-4 PB

ABOUT HABITATS SERIES

HC: 978-1-56145-641-3
PB: 978-1-56145-636-9

HC: 978-1-56145-734-2

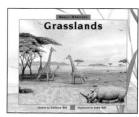
HC: 978-1-56145-559-1
PB: 978-1-68263-034-1

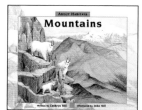
HC: 978-1-56145-469-3
PB: 978-1-56145-731-1

HC: 978-1-56145-618-5
PB: 978-1-56145-960-5

HC: 978-1-56145-832-5

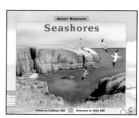
HC: 978-1-56145-968-1

HC: 978-1-56145-432-7
PB: 978-1-56145-689-5

LOS SILL

Cathryn Sill, graduada de Western Carolina University, fue maestra de escuela primaria durante treinta años.

John Sill es un pintor de vida silvestre que ha publicado ampliamente y merecido diversos galardones. Nacido en Carolina del Norte, es diplomado en biología de vida silvestre por North Carolina State University.

Los Sill, que han colaborado en vientiún libros para niños sobre la naturaleza, viven en Carolina del Norte.